Geschützte Tiere

von Dr. Erwin Eigner

gezeichnet von
Ina und Walter Etschmann

Noch vor einigen hundert Jahren gab es Wölfe, Bären, Wildpferde und Auerochsen in unserer Heimat. Heute sind diese Tiere ausgerottet. Wir kennen sie nur noch aus den Märchen oder vom Zoo. Damit es vielen einheimischen Tieren in unserer Zeit nicht ähnlich ergeht, wurden sie unter Naturschutz gestellt.

© by SIEBERT VERLAG · WALDKIRCHEN

Igel
Das Stachelkleid schützt den Igel vor Hunden, Füchsen und anderen Feinden. Gegen Autos besitzt er keinen Schutz. Viele Tausende von Stachelträgern fallen jährlich dem Straßenverkehr zum Opfer. Igel vertilgen viele Schädlinge. Sie helfen so dem Menschen und verdienen unsere Fürsorge.

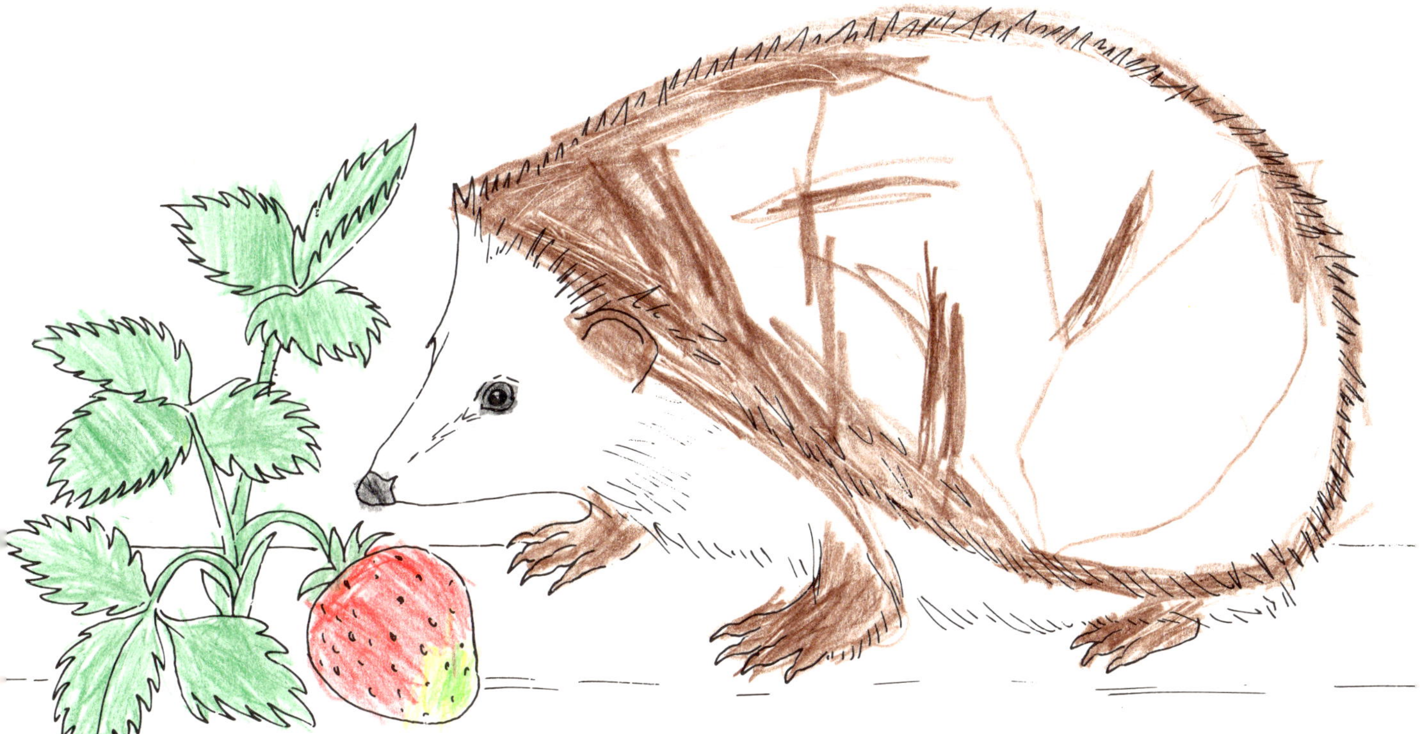

Feldspitzmaus
Spitzmäuse jagen den ganzen Tag nach Futter. Insekten, Schnecken, Würmer und sogar Frösche und Jungmäuse stehen auf ihrem „Speisezettel". Die Feldspitzmaus auf dem Bild verzehrt eine Schmetterlingsraupe. Junge Spitzmäuse folgen wie „artige Kinder" ihrer Mutter. So geht keines verloren. Auch Feinde wagen sich kaum an diese „Karawane".

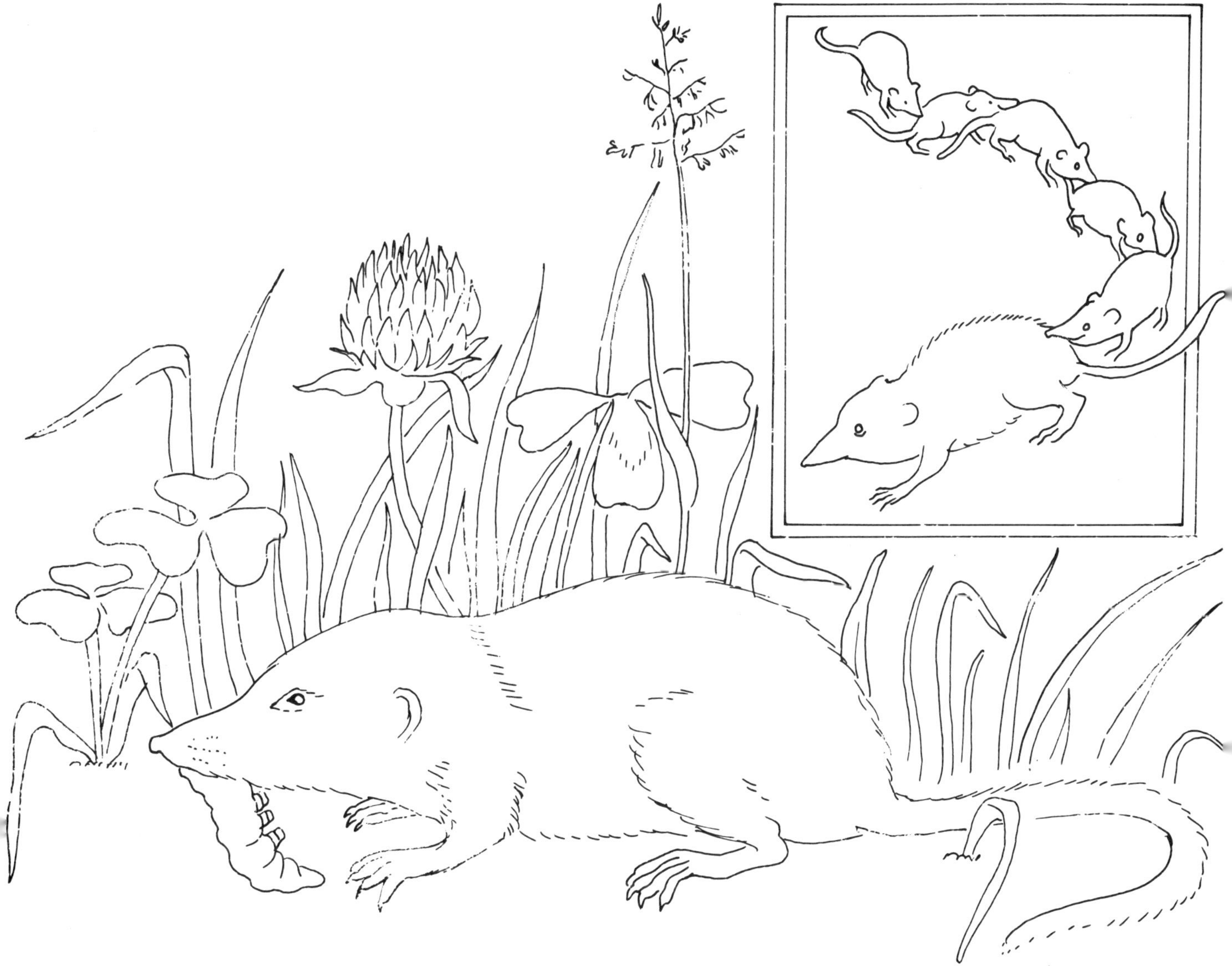

Großohrige Fledermaus

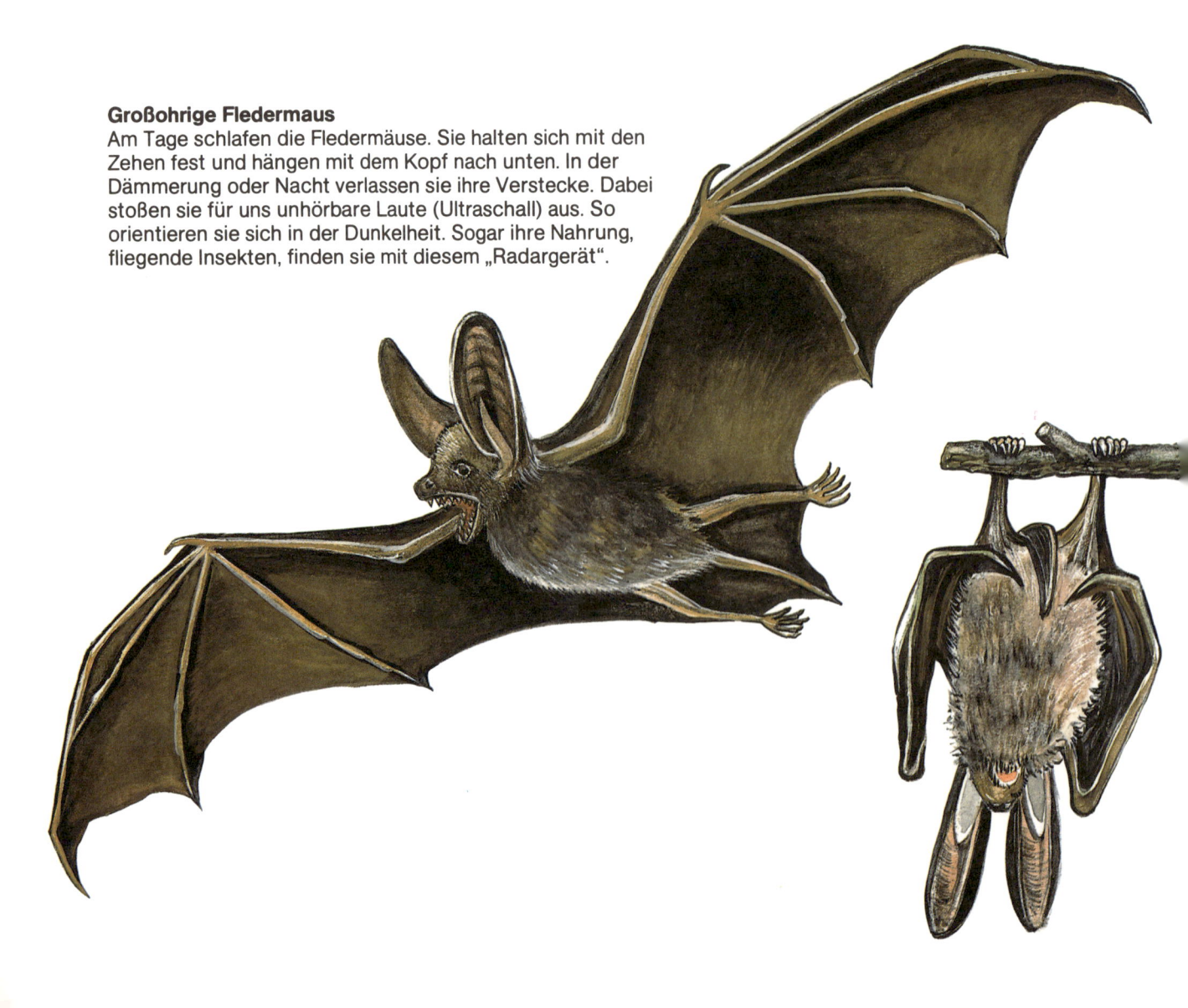

Am Tage schlafen die Fledermäuse. Sie halten sich mit den Zehen fest und hängen mit dem Kopf nach unten. In der Dämmerung oder Nacht verlassen sie ihre Verstecke. Dabei stoßen sie für uns unhörbare Laute (Ultraschall) aus. So orientieren sie sich in der Dunkelheit. Sogar ihre Nahrung, fliegende Insekten, finden sie mit diesem „Radargerät".

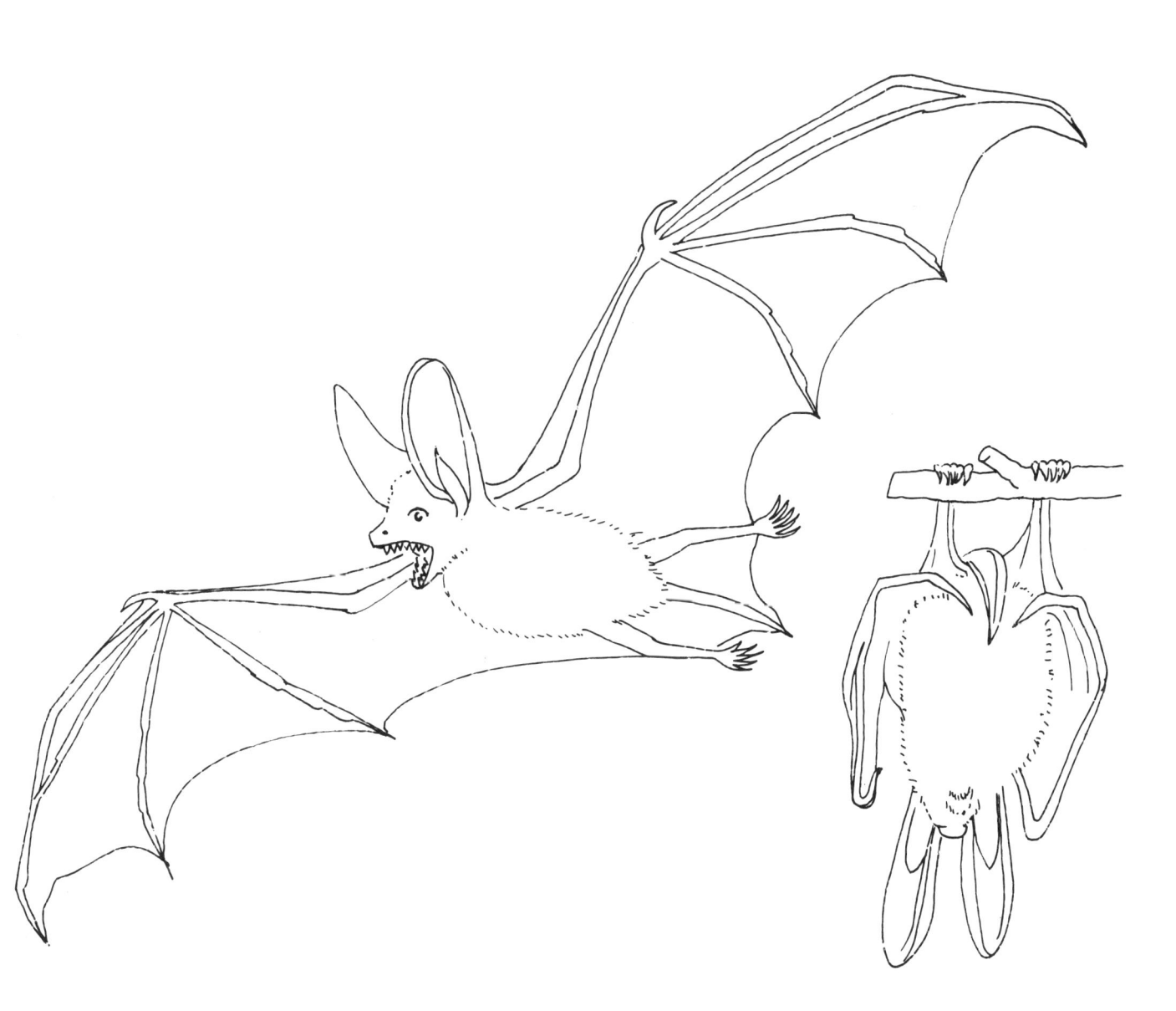

Mäusebussard
Mäusebussarde kreisen oft am Himmel oder lauern auf Baumstümpfen, Leitungsmasten und Bäumen auf Mäuse. Mit den nadelscharfen Krallen ihrer „Fänge" (Füße) und dem spitzen gebogenen Oberschnabel töten die Greifvögel sicher und schnell. Nicht selten holen sich die Bussarde auch überfahrene Tiere von den Straßen.

Sperlingskauz
Der Sperlingskauz ist unsere kleinste Eule. Er erreicht nur die Größe eines Stars. Während Eulen nachts Beute machen, holt sich der Sperlingskauz seine Nahrung auch am Tage. In den Nadelwäldern unserer Gebirge jagt er Mäuse und manchmal auch Singvögel.

Europäische Sumpfschildkröte
Nur wenige Menschen haben die einzige Schildkrötenart unserer Heimat je gesehen. Das Kriechtier führt ein sehr verborgenes Leben. Es gehört zu den seltensten einheimischen Tieren. Im Wasser bewegt sich das Reptil (Kriechtier) sehr geschickt. Es fängt Fische, Lurche, Wasserinsekten und Würmer. An Land kriecht es schwerfällig dahin.

Molch
Molche führen ein Doppelleben. Im Frühjahr suchen sie Wassergräben und Teiche auf, um im Wasser ihre Eier abzulegen. Im Sommer kriechen sie an Land. Hier entdecken wir sie meist nur durch Zufall. Auf dem Bild sehen wir von oben nach unten einen Kammolch, einen Bergmolch und einen Teichmolch.

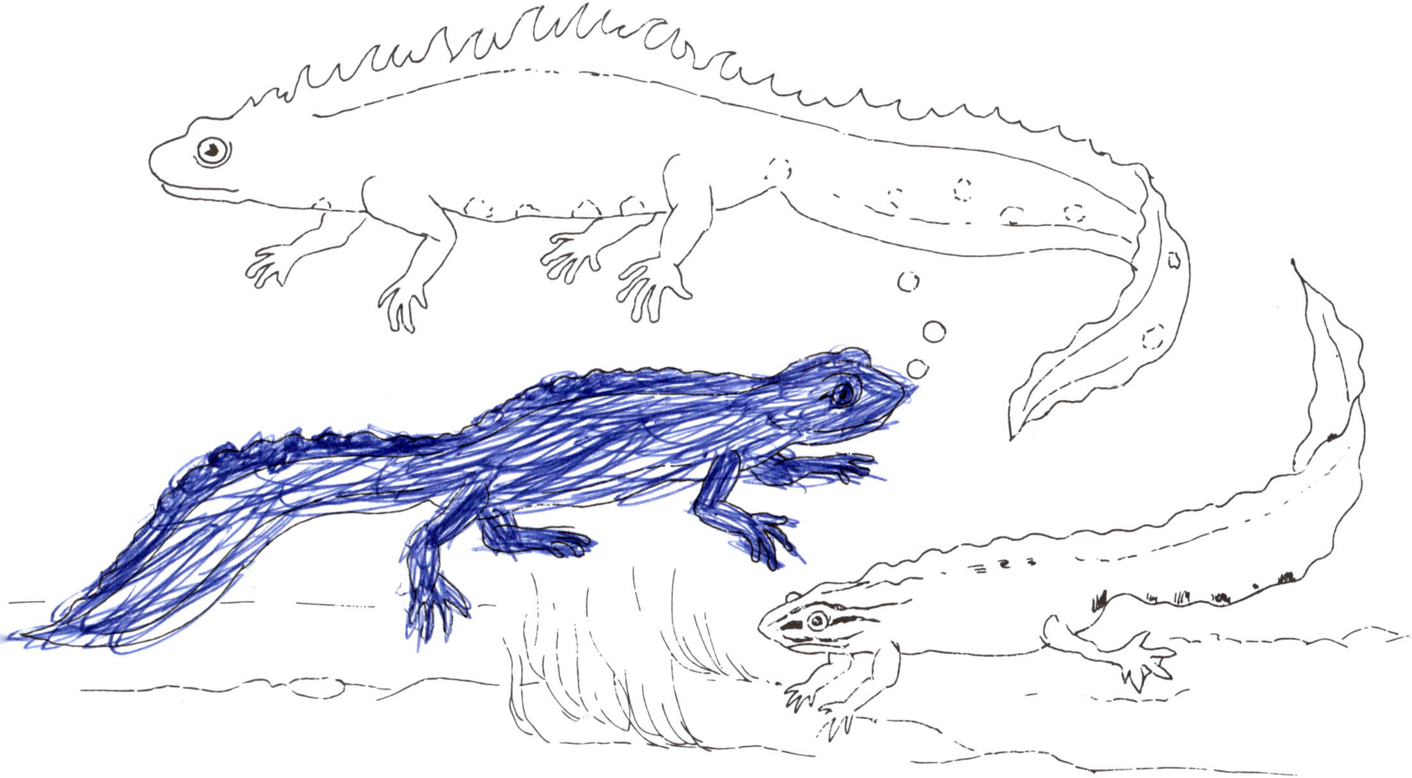

Salamander

Salamander und Molche sind Schwanzlurche. Sie brauchen zum Leben feuchte Luft und für ihren Nachwuchs Wasser. Erst am Abend oder nach einem Sommerregen auch am Tage kommt der Feuersalamander aus seinem Schlupfwinkel. Sein auffälliges Farbmuster soll hungrige Feinde abschrecken. Der kleinere, schwarze Alpensalamander bewohnt die Alpen.

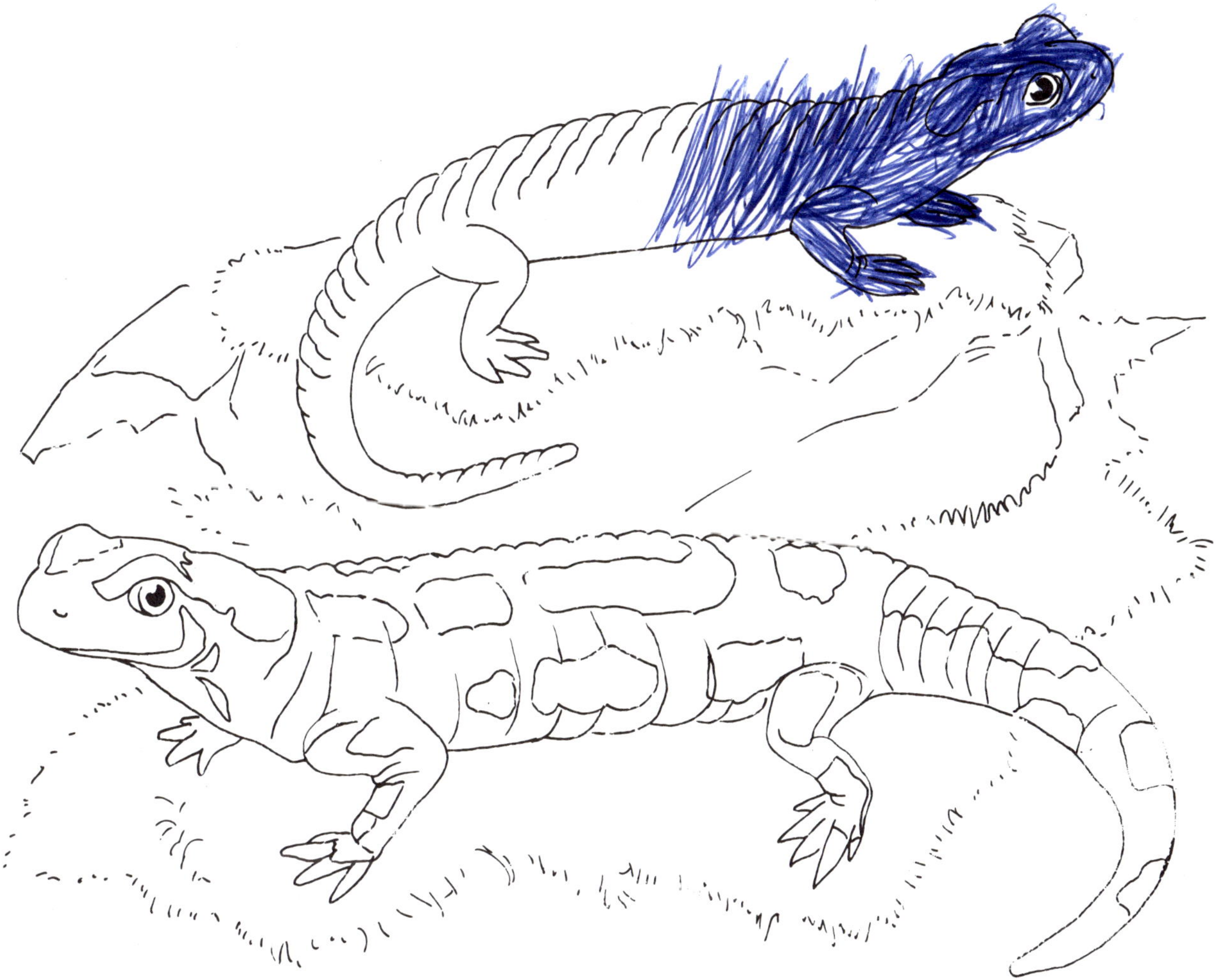

Unke

Im Sommer ertönt aus Gräben, Tümpeln und Sümpfen der Ruf der Unken. Er hört sich an wie der Klang von Glasglöckchen. Die gelbgefleckte Bauchseite unterscheidet die Bergunke (auch Gelbbauchunke) von der rotfleckigen Tieflandunke (auch Rotbauchunke). Der warzige und schlammfarbene Rücken macht die beiden Froschlurche unauffällig.

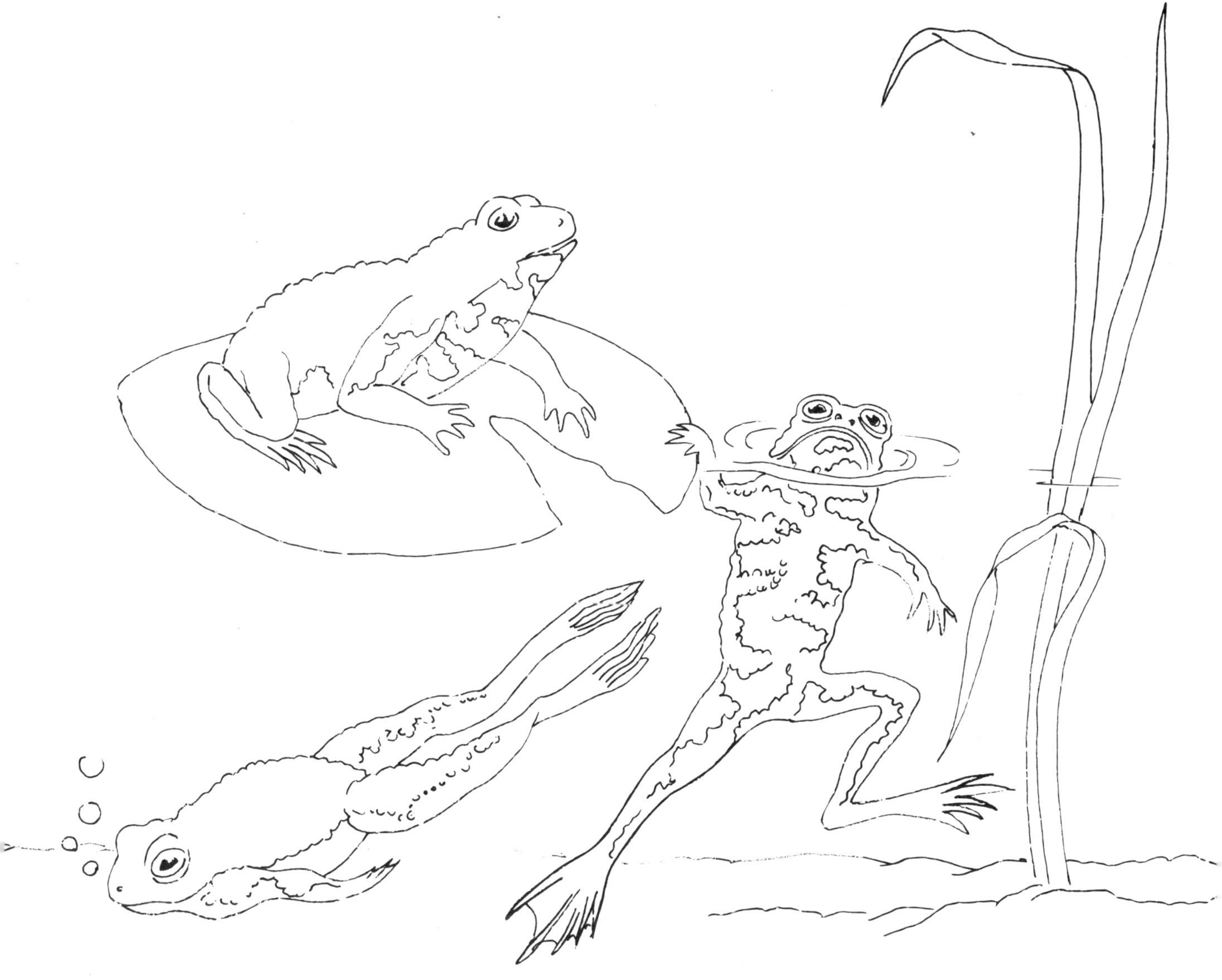

Wer Tiere schützen will, muß etwas über sie wissen.
1. Welche Tiere wurden in unserer Heimat ausgerottet?
2. Warum stehen heute viele einheimische Tiere unter Naturschutz?
3. Nenne geschützte Tiere, die uns sehr nützlich sind.
4. Was versteht man unter einer „Spitzmaus-Karawane"?
5. Welchen Sinn hat die „Spitzmaus-Karawane"?
6. Wie orientieren sich Fledermäuse?
7. Welche geschützten Tiere sind Dämmerungs- und Nachttiere?
8. Was sind „Fänge"?
9. Wie tötet der Mäusebussard seine Beute?
10. Zu welcher Tiergruppe gehören die Molche und die Salamander?
11. Zu welcher Tiergruppe gehören die Unken?
12. Welche Bedeutung hat das auffällige Farbmuster des Feuersalamanders?
13. Nenne einheimische Molche.
14. Welche Salamander gibt es bei uns?
15. Wie heißen die einheimischen Unken?

Antworten
1. Wölfe, Bären, Wildpferde und Auerochsen.
2. Sie sollen vor der Ausrottung oder dem Aussterben bewahrt bleiben. Viele Tiere sind auch geschützt, weil sie als Schädlingsvertilger sehr nützlich sind.
3. Igel, Feldspitzmaus, Großohrige Fledermaus und Mäusebussard.
4. Einen geschlossenen Zug von Spitzmausjungen unter der Führung ihrer Mutter.
5. Das Alttier führt auf diese Weise seine Jungen sicher aus einer Gefahrenzone.
6. Sie orientieren sich mit Ultraschall.
7. Igel, Großohrige Fledermaus; überwiegend auch die Molche und Salamander.
8. Fänge nennt man die Füße der Greifvögel.
9. Mit den scharfen Krallen der Fänge und mit dem spitzen Oberschnabel.
10. Zu den Schwanzlurchen.
11. Zu den Froschlurchen.
12. Es soll Feinde abschrecken.
13. Kammolch, Bergmolch und Teichmolch. Eine vierte einheimische Molchart ist der Fadenmolch.
14. Feuer- und Alpensalamander.
15. Gelbbauchunke (Bergunke) und Rotbauchunke (Tieflandunke).